Tucholsky Wagner Zola Scott Sydow Freud Schlegel
Turgenev Wallace Fonatne

Twain Walther von der Vogelweide Fouqué Friedrich II. von Preußen
Weber Freiligrath Frey
Fechner Fichte Weiße Rose von Fallersleben Kant Ernst Richthofen Frommel
Hölderlin
Fehrs Engels Fielding Eichendorff Tacitus Dumas
Faber Flaubert
Feuerbach Maximilian I. von Habsburg Fock Eliasberg Zweig Ebner Eschenbach
Ewald Eliot Vergil
Goethe Elisabeth von Österreich London
Mendelssohn Balzac Shakespeare
Lichtenberg Rathenau Dostojewski Ganghofer
Trackl Stevenson Doyle Gjellerup
Mommsen Tolstoi Hambruch
Thoma Lenz Hanrieder Droste-Hülshoff
Dach Verne von Arnim Hägele Hauff Humboldt
Reuter
Karrillon Garschin Rousseau Hagen Hauptmann Gautier
Damaschke Defoe Hebbel Baudelaire
Descartes
Hegel Kussmaul Herder
Wolfram von Eschenbach Dickens Schopenhauer Rilke George
Bronner Darwin Melville Grimm Jerome Bebel
Campe Horváth Aristoteles Proust
Bismarck Vigny Barlach Voltaire Federer Herodot
Gengenbach Heine
Storm Casanova Tersteegen Gilm Grillparzer Georgy
Chamberlain Lessing Langbein Gryphius
Brentano Lafontaine
Strachwitz Claudius Schiller Kralik Iffland Sokrates
Katharina II. von Rußland Bellamy Schilling
Gerstäcker Raabe Gibbon Tschechow
Löns Hesse Hoffmann Gogol Wilde Gleim Vulpius
Luther Heym Hofmannsthal Klee Hölty Morgenstern Goedicke
Roth Heyse Klopstock Kleist
Luxemburg Puschkin Homer Mörike
La Roche Horaz Musil
Machiavelli
Navarra Aurel Musset Kierkegaard Kraft Kraus
Nestroy Marie de France Lamprecht Kind Kirchhoff Hugo Moltke
Laotse Ipsen Liebknecht
Nietzsche Nansen
Marx Lassalle Gorki Klett Ringelnatz
von Ossietzky May Leibniz
vom Stein Lawrence Irving
Petalozzi Platon Knigge
Sachs Poe Pückler Michelangelo Kock Kafka
Liebermann Korolenko
de Sade Praetorius Mistral Zetkin

Der Verlag tredition aus Hamburg veröffentlicht in der Reihe **TREDITION CLASSICS** Werke aus mehr als zwei Jahrtausenden. Diese waren zu einem Großteil vergriffen oder nur noch antiquarisch erhältlich.

Symbolfigur für **TREDITION CLASSICS** ist Johannes Gutenberg (1400 — 1468), der Erfinder des Buchdrucks mit Metalllettern und der Druckerpresse.

Mit der Buchreihe **TREDITION CLASSICS** verfolgt tredition das Ziel, tausende Klassiker der Weltliteratur verschiedener Sprachen wieder als gedruckte Bücher aufzulegen – und das weltweit!

Die Buchreihe dient zur Bewahrung der Literatur und Förderung der Kultur. Sie trägt so dazu bei, dass viele tausend Werke nicht in Vergessenheit geraten.

Aus Rumis Diwan

Dschalal ad-Din Muhammad Rumi

Impressum

Autor: Dschalal ad-Din Muhammad Rumi
Übersetzung: Josef von Hammer-Purgstall / Friedrich Rückert
Umschlagkonzept: toepferschumann, Berlin

Verlag: tredition GmbH, Hamburg
ISBN: 978-3-8495-3184-3
Printed in Germany

Text der Originalausgabe

Mewlana Dschelaladdin Rumi

Aus Rumis Diwan

Erste Ghasele

Solang die Sonne nicht den Nachtflor bricht,
Sind Tagesvögel ohne Zuversicht.

Der Blick der Sonne ruft die Tulpen auf,
Jetzt ist, o Herz, dir zu erwachen Pflicht.

Das Sonnenschwert gießt aus im Morgenrot
Das Blut der Nacht, von der es Sieg erficht.

Voll Schlafs das Auge, sprach ich: es ist Nacht.
Er sprach: vor meinem Angesichte nicht.

Solang es graut, ist zweifelhaft der Tag,
Am hellen Tag, wer zweifelt noch am Licht?

Im Osten steht das Licht, ich steh' im West,
Ein Berg, an dessen Haupt der Schein sich bricht.

Ich bin der Schönheitssonne blasser Mond,
Schau weg von mir, der Sonn' in's Angesicht!

Dschelaleddin nennt sich das Licht im Ost,
Des Widerschein euch zeiget mein Gedicht.

*

Zweite Ghasele

Zum Himmel tu' ich jede Nacht den Liebesruf,
Der Schönheit Gottes voll, mit Macht den Liebesruf.

Mir jeden Morgen Sonn' und Mond im Herzen tanzt,
Zu Sonn' und Mond tu' ich erwacht den Liebesruf.

Auf jeder Au erglänzt ein Strahl von Gottes Licht,
Ich tu' an Gottes Schöpferpracht den Liebesruf.

Die Turteltaub' im Laub, erweckt von meinem Gruß,
Tut mir entgegen girrend sacht den Liebesruf.

Dem Felsen, der zu deinem Preis mit Licht sich krönt,
Zuruf ich, und er nimmt in acht den Liebesruf.

Dir tu' ich für die Blum' im Feld, die schüchtern
schweigt,
Für's Würmlein, das du stumm gemacht, den Liebesruf.

Das Weltmeer preist mit Rauschen dich, doch ohne
Wort,
Ich hab' in Worte ihm gebracht den Liebesruf.

Dir tu' ich als das Laub am Baum, als Tropf im Meer,
Dir als der Edelstein im Schacht, den Liebesruf.

Ich ward in allem alles, sah in allem Gott,
Und tat, von Einheitglut entfacht, den Liebesruf.

*

Dritte Ghasele

Ich sah empor, und sah in allen Räumen eines,
Hinab in's Meer, und sah in allen Wellenschäumen ei-
nes.

Ich sah in's Herz, es war ein Meer, ein Raum der Wel-
ten,
Voll tausend Träum', ich sah in allen Träumen eines.

Du bist das Erste, Letzte, Äußre, Innre, Ganze,
Es strahlt dein Licht in allen Farbensäumen eines.

Du schaust von Ostens Grenze bis zur Grenz' im Wes-
ten,
Dir blüht das Laub an allen grünen Bäumen eines.

Vier widerspenst' Getiere ziehn den Weltenwagen,
Du zügelst sie, sie sind an deinen Zäumen eines.

Luft, Feuer, Erd' und Wasser sind in eins geschmolzen
In deiner Furcht, daß dir nicht wagt zu bäumen eines.

Der Herzen alles Lebens zwischen Erd' und Himmel,
Anbetung dir zu schlagen soll nicht säumen eines!

*

Vierte Ghasele

Als ich scharfen Dorn mich sähe,
Rosenschwelle sucht' ich auf.

Als ich mich sah gallenbitter,
Honigs Zelle sucht' ich auf.

Als ich mich ein Giftgefäß sah,
Sucht' ich auf das Gegengift.

Als ich trüb mich Hefen sähe,
Weineswelle sucht' ich auf.

Als ich unreif Obst mich sähe,
Sucht' ich reifes Sonnenlicht.

Als ich mich sah rohen Mörtel,
Maurers Kelle sucht' ich auf.

Als ich blind mich sah am Auge,
An des Augenarztes Saum

Legt' ich Hand, bei seinem Finger
Augenhelle sucht' ich auf.
Liebesstaub ward Augensalbe,
Und der Seele Blindheit wich,

Und es starb der Durst des Herzens,
Denn die Quelle sucht' ich auf.

Ich bin Feuer, das nicht brennet,
Du bist Wind, der's brennen macht,

Dich, o Wind, o Feuers trauter
Spielgeselle, sucht' ich auf.

*

Fünfte Ghasele

Obgleich die Sonn' ein Scheinchen
Ist deines Scheines nur,

Doch ist mein Licht und deines
Ursprünglich eines nur.

Ob Staub zu deinen Füßen
Der Himmel ist, der kreist,

Doch eines ist und eines
Mein Sein und deines nur.

Der Himmel wird zu Staube,
Zum Himmel wird der Staub,

Und eines bleibt und eines
Dein Wesen, meines nur.

Wie kommen Lebensworte,
Die durch den Himmel gehn,

Zu ruhn im engen Räume
Des Herzenschreines nur?

Wie bergen Sonnenstrahlen,
Um heller aufzublühn,

Sich in die spröden Hüllen
Des Edelsteines nur?

Wie darf, Erdmoder speisend,
Und trinkend Wasserschlamm,

Sich bilden die Verklärung
Des Rosenhaines nur?

Herz, ob du schwimmst in Fluten,
Ob du in Gluten glimmst,

Flut ist und Glut ein Wasser,
O sei du reines nur!

O Mewlana! Am Morgen
Wacht' ich mit dir, und sah:

Mein Auge statt voll Tränen,
Voll Himmelsweines nur.

*

Sechste Ghasele

Wer gesehn hat deine Wangen,
Wird nach Rosenschein nicht gehn,

Und wer krankt an deiner Liebe,
Wird nach Arzenei'n nicht gehn.

Wer am stillen Busen dir
Geruht hat einen Augenblick,

Wird zum Tulpenbeet der Welt,
Wo laute Farben schrein, nicht gehn.

Welchem Gast den Taumelbecher
Reichte deine Schenkenhand,

Der zu Wasserbächen wird von
Deinem Seelenwein nicht gehn.

Wenn nicht drüben dich zu finden
An der Quell' im Paradies

Hoffen darf ein Liebender,
Wird er zu Edens Hain nicht gehn.

Daß mich Liebe töten solle,
Hoff ich jeden Augenblick,

Immer, ach, in's schwache Herz will
Noch so süße Pein nicht gehn.

Mutlos nicht die Arme senken
Darf, wer ringen will mit dir,

Wer im Kampf nicht aus will halten,
Soll in Kampf hinein nicht gehn.

Sieh, mir hat von Ewigkeit dein
Mal die Liebe eingebrannt,

Und das Mal in Ewigkeit wird
Mir aus Mark und Bein nicht gehn.

Mewlana Dschelaleddin! Dein
Mund hat mich dies Wort gelehrt:

Irre geht das Herz hier, wann es
Will zum Freund allein nicht gehn.

*

Siebente Ghasele

Ich bin der Falk der Geisterwelt,
Entflohn dem offnen Himmelszelt,

Der aus Begierde nach der Jagd
Gefallen in die Formenwelt.

Ich bin Simurg vom Berge Kaf,
Den Netz des Seins gefangenhält.

Ich bin vom Paradies der Pfau,
Dem man sein Nest dort vorenthält.

Aufblick' ich, ob es noch dem Schach
Mich heimzurufen nicht gefällt.

Aufschau' ich, ob mein Thron mir bald
Auf dem Gebirg wird hergestellt.

Auffrag' ich, wann ich auf dem Ast
Soll werden meinem Nest gesellt.

*

Achte Ghasele

Komm, o Frühling meiner Seele,
Welten wieder mache neu!

Licht am Himmel, Glanz auf Erden,
Hoch und nieder mache neu!

Setze mit dem Sonnenknaufe
Blau der Lüfte Turban auf,

Und der Fluren grünen Kaftan,
Holder Chider, mache neu!

Mache Wiesen frisch von Kräutern,
Und von Sprossen Haine jung,

Rosen-Schnürbrust und der Lilie
Schlankes Mieder mache neu!

Schmelze mit dem Hauch des Winters
Helm und Panzer, mit dem Blick

Brich den Frostspeer, unsern Frieden,
Weltbefrieder, mache neu!

Ohne Ostwind ist die Luft tot,
Und der Rosen Odem stockt,

Aus dem Schlummer weck' den Ostwind,
Sein Gefieder mache neu!

Roll' in Donnern, gieß aus Wolken
Auf die Erde Moschusflut,

Laß von Kopf zu Fuß uns baden,
Alle Glieder mache neu!

Pinie schlägt im Winde Pauken,
Platanus mit Händen Takt,

Hauch der Liebe, deine Traumdüft'
Unter'm Flieder mache neu!

Reben ringeln sich an Ulmen
Zur Verehrung Gottes auf,

Veilchen küssen Staub, Lenzandacht,
O Gebieter, mache neu!

Hyazinthe kos't mit Tulpen,
Und von Rosen Nachtigall,

Turtel girret süße Weisen,
Parsilieder mache neu!

Zünd' in Blüten Opferfeuer,
Weihrauchglut in Düften an,

Und als Flöten alle Gräser,
Rohr' und Rieder mache neu!

Laß die Blätter Zungen spitzen,
Liebesfragen auf der Flur

Zu verhandeln, ihren Scharfsinn
Für und wider mache neu!

Hörst du? Frühluft, Frührot, Frühlicht
Ruft: steh früh im Frühling auf,

Freund, mit Frühtau deines Geistes
Augenlider mache neu,

Daß du Lenzgeheimnis schauest!
Blumenschmelz ist Alchimie:

Festgeschmeid im bunten Feuer,
Rüst'ger Schmieder, mache neu!

*

Neunte Ghasele

Tritt an zum Tanz! Wir schweben
In dem Reih'n der Liebe,

Wir schweben in der Lust
Und in der Pein der Liebe.

Der ew'gen Liebe Botschaft
Hört' ich von dem Tode,

Daß Gott den Tod getränkt
Im Lebenswein der Liebe.

Die Kraft der Liebe löste
Leise mir den Nabel,

Als Mutter Liebe mich
Gebar in's Sein der Liebe.

Ich frug die Liebe: wie
Soll ich der Lieb' entgehen?

Sie sprach: ohn' Ausgang ist
Der Zauberhain der Liebe.

Der Liebe Zauberspiegel
Strahlet Weltgestalten,

Der Blick verirrt sich
In den Schilderei'n der Liebe.

Gib deinen Leib wie Gold
In Liebe's Läutrungschmerzen,

Denn Schlack' ist Gold, das nicht
Die Glut macht rein der Liebe.

Ich sage dir, warum
Das Weltmeer schlägt die Wogen:

Es tanzt im Glänze
Vom Weltedelstein der Liebe.

Ich sage dir, wie aus dem Ton
Der Mensch geformt ist:

Weil Gott dem Tone blies
Den Odem ein der Liebe.

Ich sage dir, warum
Die Himmel immer kreisen:

Weil Gottes Thron sie füllt
Mit Widerschein der Liebe.

Ich sage dir, warum
Die Morgenwinde blasen:

Frisch aufzublättern stets
Den Rosenhain der Liebe.

Ich sage dir, warum
Die Nacht den Schleier umhängt.

Die Welt zu einem Brautzelt
Einzuweih'n der Liebe.

Ich kann die Rätsel alle
Dir der Schöpfung sagen,

Denn aller Rätsel Lösungswort
Ist mein, der Liebe.

*

Zehnte Ghasele

Komm, komm! Du bist die Seele,
Die Seele mir im Reigen,

Komm, komm! Du bist die Zeder,
Die Zeder hier im Reigen.

O komm! Ein Quell des Lichtes
Entspringt aus deinem Schatten,

Und tausend Morgensterne,
Sie tanzen dir im Reigen.

Hoch ist das Dach des Himmels,
Des siebenten, des höchsten,

Du ragest über alle
Mit heller Zier im Reigen.

Die Liebe hat mit Armen
Ergriffen mich am Nacken,

Ich halte dich ergriffen
Mit süßer Gier im Reigen.

Das Sonnenstäubchen tanzet,
Vom Licht der Sonn' ergriffen,

Licht, da du mich ergriffest,
Nicht mich verlier im Reigen.

Die Stäubchen kreisen schweigend,
Denn schweigend spricht die Liebe,

Mich Schweigen lehret Liebe,
So tanz' ich ihr im Reigen.

*

Elfte Ghasele

Schall', o Trommel, hall', o Flöte! Allah hu!
Wall' im Tanze, Morgenröte! Allah hu!

Lichtseel' im Planetenwirbel, Sonne, vom
Herrn im Mittelpunkt erhöhte! Allah hu!

Herzen! Welten! Eure Tänze stockten,
Wenn Lieb' im Zentrum nicht geböte, Allah hu!

Unsres Liebereigens Leiter reicht hinauf
Über Sonn' und Morgenröte, Allah hu!

Rausche, Meer, am Fels im Sturme, Gottes preis!
Nachtigall, um Rosen flöte, Allah hu!

Seele, willst ein Stern dich schwingen um dich selb,
Wirf von dir des Lebens Nöte. Allah hu!

Wer die Kraft des Reigens kennet, lebt in Gott,
Denn er weiß, wie Liebe töte. Allah hu!

*

Zwölfte Ghasele

Dein Fuß fleucht allerorten hin
Aus unserm Kreis', o fleuch uns nicht!

Dein Ohr ist stets auf Flucht bedacht
Vor unserm Preis', o fleuch uns nicht!

Du strahlst als Tag liebatmend vor,
Wir deine Nacht sind hinterdrein,

An jedem Ort, wohin du gehst,
Wir folgen leis', o fleuch uns nicht!

Mit Lichtgeschmeid', o Frühlingssonn',
Hast du die Fluren neu bedeckt,

Und ohne dich noch wären wir
Versenkt im Eis', o fleuch uns nicht!

O Sonne, du Nährmutter uns
Im Schattenhaus! Und ohne dich,

Nährmutter, sind wir ohne Trank
Und ohne Speis', o fleuch uns nicht!

*

Dreizehnte Ghasele

Der Frühling stirbt, wann du mit Schwalben gehst,
Grün wird die Flur, wann du zur Falben gehst.

Wie schön! So rufen hundertzüngig nach
Dir Lilien, wo du allenthalben gehst.

Nie wird das Auge Schönheit schaun,
Zu dem du nicht mit Liebes-Augensalben gehst.

O Sonn', ein Sonnenstäubchen tanzt mein Geist,
Wo du an's Fenster meinethalben gehst.

Wo gehst du hin? und lassest mir mein Herz
Halb, weil davon du mit dem Halben gehst.

*

Vierzehnte Ghasele

Lieb' ist nicht in Schrift und Buch,
Der Buchstab ist ihr Streiter nicht,

Lieb' ist nicht im Haus der Büßer,
Denn dies Haus ist heiter nicht.

Aus allew'gem Grün des Frühlings
Steigt der Lebensbaum empor,

Milchstraß' und Plejaden reichen
Diesen Baum zur Leiter nicht.

Die Vernunft, sie steigt vom Sattel,
Und die Zügel faßt Begier,

Denn die Straß' in solche Fernen
Kennt kein andrer Reiter nicht.

Wann du noch bist Liebender,
So wohnt dir noch die Sehnsucht bei,

Aber wann du bist Geliebter,
Ist die Sehnsucht weiter nicht.

Schiffer flehn in bangen Sorgen,
Wann noch breiter Zuflucht sind,

Ist der Steuermann ertrunken,
Kümmern ihn die Scheiter nicht.

Ah Dschelaleddin! zerflossen
Ist dein Geist in dieses Meer,

Du bist selbst Geheimnisweihe,
Bist ein Eingeweihter nicht.

*

Fünfzehnte Ghasele

Wohl endet Tod des Lebens Not,
Doch schauert Leben vor dem Tod.

Das Leben sieht die dunkle Hand,
Den hellen Kelch nicht, den sie bot.

So schauert vor der Lieb' ein Herz,
Als wie von Untergang bedroht.

Denn wo die Lieb' erwachet, stirbt
Das Ich, der dunkele Despot.

Du laß ihn sterben in der Nacht,
Und atme frei im Morgenrot.

*

Sechzehnte Ghasele

Ihr Augen, geht, den Lenz zu schauen,
Der lächelnd liegt auf unsern Auen,

Ein Himmelskind in Blumenwiegen,
Gesäugt von Milch der Wolkenfrauen.

Die Ostluft ist die Amm', und schaukelt
Die Wiege mit dem Hauch, dem lauen,

Das Kindlein tut, als schlaf es,
Blinzet mit seinen Äugelein, den schlauen.

Und wie's die Augen aufgeschlagen,
Träuft Tau von seinen Augenbrauen,

Und Bienen kommen, saugen emsig
Den Tau, aus dem sie Honig brauen.

O kommt und laßt euch doch vom Lächeln
Des Himmelkindleins auch durchtauen,

O kommt aus euern dumpfen Zellen,
Die euch des Himmels Licht verbauen.

Laßt uns die Zell' aus Wachs und Honig
Sechseckig, wie die Bienen, bauen,

Erwärmt am bunten Blumenfeuer,
Und laßt die Aschen ruhn, die grauen.

Die Buß' ist tot, die Liebe lebet,
Ihr Atem weht in unsern Gauen.

Geht in des Frühlings Liebeschenke,
Trinkt seines Weines ohne Grauen,

Auf daß ihr liebestrunken werdet,
Eu'r Herz sich öffne mit Vertrauen,

Die Lieb' ist wach an Erd' und Himmel,
Im Grünen Rose, Sonn' im Blauen.

O Nachtigall, sieh deine Rose,
Du Adler sollst zur Sonne schauen.

*

Siebzehnte Ghasele

Der Tag ist hie, das Fest ist hie der Rose,
Hell strahlen unsren Blicken die der Rose.

Die Liebe war des Rosenbeetes Gärtner,
Daß lieblich uns der Flor gedieh der Rose.

Als Kunde scholl: die Rose naht! die Blumen
Sich senkten huldigend aufs Knie der Rose.

Die Tulpe schwieg, Narzisse blickte trunken,
Verwirrt vom Glänze schwankte sie der Rose.

Zum Efeu flüsterte Zypress': Erwache!
Was träumst du, Kind? Das Traumbild sieh der Rose!

Die Nachtigall, sie gellt in tausend Nächten
Nicht aus die ew'ge Melodie der Rose.

Der Himmel kann der Rose Bild nicht fassen,
Besiegt erliegt die Phantasie der Rose.

Die Ros', ein Bote kommt vom Seelengarten,
Die Seelen alle harren hie der Rose.

Die Rose grüßt die Seele von der Heimat,
Die Seele drum vergesse nie der Rose.

Die Ros' entfaltet das Diplom der Schönheit,
Den Adelsbrief, den Gott verlieh der Rose.

Die Rose kränzet unsres Festes Becher,
Den Duft des Rausches in dich zieh der Rose.

Die Rose webet unsres Bundes Ketten,
Dem Liebesbande nie entflieh der Rose.

Verschließ den Mund wie Knospen,
Und verstohlen

Sei deiner Lippe Lächeln,
Wie der Rose.

Achtzehnte Ghasele

Die Rose ist das höchste Liebeszeichen,
Dem Herzensfreund will ich die Rose reichen.

Gedanken sterben im Gefühl der Liebe,
Wie Gartenblumen vor der Ros' erbleichen.

Die Rose trägt den stillen Dorn am Herzen,
Weil nie die Schmerzen von der Liebe weichen,

Ein einzig Bild der Schönheit ist die Rose,
Was gleichet ihr in Erd' und Himmelsreichen?

Der vollen Rose gleicht an Pracht die Sonne,
Und alle Blättlein siehst du Monden gleichen.

Der Sonne Lichtrad ist in ihr gerundet,
Und hundert Monde rollen dran als Speichen.

Die Sonne, die aus Monden wuchs, die Rose,
Dem Herzensfreund will ich die Rose reichen.

*

Neunzehnte Ghasele

O welche Werkstatt hegst du mir im Herzen!
O welchen Tempel trägst du mir im Herzen!

Gekommen ist der Lenz, die Zeit der Saaten,
O welcher Saaten pflegst du mir im Herzen!

Den Schleier, der der Welten Antlitz hüllet,
Leis' ihn zurücke schlägst du mir im Herzen.

Das Herz muß höher sein als Wolkenhimmel,
Denn Sonnentänze regst du mir im Herzen.

Es mag das Herz wohl eine Hauptstadt heißen,
Den Thron des Schachs aufschlägst du mir im Herzen.

Das Meer des Herzens geht in tausend Wogen,
Und Perlenschätz' anlegst du mir im Herzen.

Dschelaleddin! Das Herz ist Schacht und Münzhaus,
Gediegnes Gold ausprägst du mir im Herzen.

*

Zwanzigste Ghasele

Ein Gottesmann ist trunken ohne Most,
Ein Gottesmann ist satt ohn' ird'sche Kost.

Ein Gottesmann ist ohne Schwert ein Held,
Ein Gottesmann ist ohne Schild ein Trost.

Ein Gottesmann ist nicht aus Flut noch Staub,
Ein Gottesmann ist nicht aus Glut noch Frost.

Ein Gottesmann ist ohne Tugend-Schein,
Ein Gottesmann ist ohne Sünden-Rost.

Ein Gottesmann ist Schriftgelehrter nicht,
Ein Gottesmann ist selber Himmelspost.

Ein Gottesmann ist tiefverhüllt: du bist
Ein Gottesmann, Dschelaleddin im Ost.

*

Einundzwanzigste Ghasele

Schlaf' nicht, Gastfreund, mein Gedanke, diese Nacht,
Dem ich trauten Zuspruch danke diese Nacht.

Du, ein Engelshauch, mir steigend himmelab,
Du bist Arzt und ich der Kranke diese Nacht.

Bann' den Schlummer, daß Geheimnis unserm Blick
Trete aus dem Heil'genschranke diese Nacht.

Kreiset hell, ihr Stern' am Himmel, daß zum Licht
Sich empor die Seele ranke diese Nacht.

Edelstein', aus euren Grüften blitzet auf,
Gegen Stern' im süßen Zanke diese Nacht.

Flügle dich hinauf, mein Adler, sonnenwärts,
Und mir nicht im Dunklen schwanke diese Nacht.

Gott sei Dank, sie schlafen alle, Gott und ich
Stehn allein nun in der Schranke diese Nacht.

Diese Nacht ist hell von Sonnen, leuchtend mild,
Daß davon mein Blick nicht wanke diese Nacht.

Welch Getümmel wacht am hellen Sternenmarkt,
Lyra tönt, die goldne Schlanke, diese Nacht.

Löw' und Stier und Widder strahlen Kampf für Licht,
Und Orions Schwert, das blanke, diese Nacht.

Skorpion und Schlange flüchten, Krone winkt,
Und die Jungfrau labt mit Tranke, diese Nacht.

Schweigend bind' ich meine Zunge, lustberauscht,
Ohne Zunge sprich, Gedanke, diese Nacht.

Zweiundzwanzigste Ghasele

O Lieb'! Ich zeug' es dir:
Ich weinte trüb wie Nacht,

Und deiner Sonne Strahl
Hat Tag mir angefacht.

O meiner Seele Seel',
Ich du und du bist ich,

Und du bist All, und ich
Durch dich zum All erwacht.

Du bist die Süßigkeit,
Du bist die Trunkenheit,

Das Meer voll Perlen du,
Und du voll Gold der Schacht.

Wer sich dir nahet,
Gibt die Seele bei dir auf,

Stirbt, wenn dein Mund ihm grollt,
Stirbt, wenn dein Blick ihm lacht.

Erst locket deine Huld
Die Liebenden zu sich,

Dann kommt dein Zorn und würgt
Die Schwachen in der Schlacht.

Traumscharen dienen dir,
Einbildungen, sie ziehn

Mit feur'gen Waffen auf,
Als deine Heeresmacht.

Glut trägt dir das Panier
Der ew'gen Herrschaft vor,

Und flammt, bis Welten sie
Hat unter dich gebracht.

Du schickst Allaugenblicks
Ein neues Schreckbild aus,

Das wie ein Kindelein
Die Seele zittern macht.

Und gibt die Seele sich,
Und ziehst du siegreich ein,

So kommst du lieblicher,
Als sie es hat gedacht.

*

Dreiundzwanzigste Ghasele

O Himmel, welch ein Freund,
O welch ein Leu ist das!

Von seinem Odem ist
Mein Herz versengtes Gras.

Als ich vor ihm entfloh,
Durch Liebe hart bedrängt,

Sprach er: Wo willst du hin?
Ich hab' an dich etwas.

Ich fragte diese Nacht
Den Mond um meinen Mond,

Er sprach: Von Furcht vor ihm
Ist meine Wange blaß.

Die Sonne, da sie kam,
Fragt' ich: Warum so trüb?

Sie sprach: Von Gram um ihn
Ist mir die Wimper naß.

Zum Wasser sagte ich:
Kannst du nie stille stehn?

Es sprach: Sein Zauber treibt
Mich um ohn' Unterlaß.

Ich sprach: O Flammenfürst,
Was, Feuer, flackerst du?

Es sprach: Er sah mich an,
Daß ich mich selbst vergaß.

Ich sagte: Weltenbot', o Wind,
Was rennest du?

Er sprach: Mich brennt sein Hauch
Sobald ich stille saß.

Was kümmert der Verkehr
Der Elemente mich?

Im Haupt hier ist der Rausch,
Und in der Hand das Glas.

Ich sank aus Rausch in Traum,
Aus Traum in Trunkenheit.

Gib, schenke, neuen Wein,
Bis überfließt das Maß.

*

Vierundzwanzigste Ghasele

Ich bin das Sonnenstäubchen,
Ich bin der Sonnenball,

Zum Stäubchen sag' ich: Bleibe!
Und zu der Sonn': Entwall!

Ich bin der Morgenschimmer,
Ich bin der Abendhauch,

Ich bin des Haines Säuseln,
Des Meeres Wogenschwall.

Ich bin der Mast, das Steuer,
Der Steuermann, das Schiff,

Ich bin, woran es scheitert,
Die Klippe von Korall.

Ich bin der Vogelsteller,
Der Vogel und das Netz,

Ich bin das Bild, der Spiegel,
Der Hall und Widerhall.

Ich bin der Baum des Lebens,
Und drauf der Papagei,

Das Schweigen, der Gedanke,
Die Zunge und der Schall.

Ich bin der Hauch der Flöte,
Ich bin des Menschen Geist,

Ich bin der Funk' im Steine,
Der Goldblick im Metall.

Ich bin der Rausch, die Rebe,
Die Kelter und der Most,

Der Zecher und der Schenke,
Der Becher von Kristall.

Die Kerz', und der die Kerze
Umkreist, der Schmetterling,

Die Ros', und von der Rose
Berauscht, die Nachtigall.

Ich bin der Arzt, die Krankheit,
Das Gift und Gegengift,

Das Süße und das Bittre,
Der Honig und die Gall.

Ich bin der Krieg, der Friede,
Die Wahlstatt und der Sieg,

Die Stadt und ihr Beschirmer,
Der Stürmer und der Wall.

Ich bin der Kalk, die Kelle,
Der Meister und der Riß,

Der Grundstein und der Giebel,
Der Bau und sein Verfall.

Ich bin der Hirsch, der Löwe,
Das Lamm und auch der Wolf,

Ich bin der Hirt, der alle
Verschließt in einem Stall.

Ich bin der Wesen Kette,
Ich bin der Welten Ring,

Der Schöpfung Stufenleiter,
Das Steigen und der Fall.

Ich bin, was ist, und nicht ist,
Ich bin, o der du's weißt,

Dschelaleddin, o sag' es,
Ich bin die Seel' im All.

Fünfundzwanzigste Ghasele

Du bist der Weltbrunn der Genüsse,
Dein Honig gibt dem Leben Süße.

Mein Schoß ist voll von Edelsteinen,
Um sie zu streun vor deine Füße.

Die Seelen der Verliebten wälzen
Sich deinem Meere zu wie Flüsse.

Du bist die Sonne der Gedanken,
Des Frühlings Blume deine Küsse.

Das Morgenrot erblaßt vor Liebe,
Der Mond zerfließt in Tränengüsse.

Du bist die Ros', und Herzensseufzer
Sind um dich Nachtigallengrüße.

Hat, ach, mein ich so viel verbrochen,
Daß es nicht meine Liebe büße?

O du der Weltenmuschel Perle!
Die Schalen sind mir Überdrüsse.

O Lebenswein im Todesbecher,
Daß heut dein Duft mich laben müsse!

Sechsundzwanzigste Ghasele

Ich bin die Reb', o komm, und sei der Rebe
Die Ulm', um die ich meine Ranken webe.

Ich bin der Efeu, sei mein Stamm, o Zeder,
Daß ich nicht dumpf am feuchten Boden klebe.

Ich bin der Vogel, komm und sei mein Flügel,
Daß ich empor zu deinem Himmel schwebe.

Ich bin das Roß, o komm und sei mein Sporen,
Daß ich zum Ziel auf deiner Rennbahn strebe.

Ich bin das Rosenbeet: sei meine Rose,
Daß ich nicht Nahrung niedrem Unkraut gebe.

Ich bin der Ost, geh auf in mir, o Sonne,
Erheb dich, Licht, aus meinem Dunstgewebe.

Ich bin die Nacht, sei meine Sternenkrone,
Daß ich im Finstern vor mir selbst nicht bebe.

*

Siebenundzwanzigste Ghasele

O Vogel, der nach Freiheit girret,
Und den des Leibes Käfig irret.

O Seele! Wenn du frei willst werden,
So lieb' die Liebe, die dich kirret.

Lieb' ist, die jeden Knoten schürzet,
Lieb' ist, die jedes Band entschirret.

Die Lieb' ist reines Sphärenrauschen,
Darein kein Hall von Fesseln klirret.

Von Lieb' ist Himmels Hirn durchduftet,
Von Lieb' ist Erdenmark durchmyrrhet.

Die Welt ist Gottes reiner Spiegel,
Wenn dir's nicht trüb vorm Auge flirret.

Mit Liebesblick schau in den Spiegel,
Und sei vom Gottesglanz verwirret.

Und preis' ihn, Seele, liebestrunken,
Wie Lerche, die im Frührot schwirret.

*

Achtundzwanzigste Ghasele

Klage nicht, daß du in Fesseln seist geschlagen,
Klage nicht, daß du der Erde Joch mußt tragen.

Klage nicht, die weite Welt sei ein Gefängnis,
Zum Gefängnis machen sie nur deine Klagen.

Frage nicht, wie sich dies Rätsel wird entfalten,
Schön entfalten wird sich's ohne deine Fragen.

Sage nicht, die Liebe habe dich verlassen,
Wen hat Liebe je verlassen? Kannst du's sagen?

Zage nicht, wenn dich der grimme Tod will schrecken,
Er erliegt dem, der ihn antritt ohne Zagen.

Jage nicht das flücht'ge Reh des Weltgenusses!
Denn es wird ein Leu und wird den Jäger jagen.

Schlage nicht dich selbst in Fesseln, Herz, so wirst du
Klagen nicht, daß du in Fesseln seist geschlagen.

*

Neunundzwanzigste Ghasele

Ich sah, wie auf zur Sonne sich schwang ein Adelaar,
Und wie im Schatten girrte ein Turteltaubenpaar.

Ich sah, wie Wolkenherden der Ost am Himmel trieb,
Und auf der Flur dem Hirten sich stellten Lämmlein
dar.

Ich hörte Sterne fragen: Wann sollen wir entstehen?
Und Keim im Körnchen: Sollen wir schlafen immerdar?

Ich sah ein Gras am Morgen erblühn, und vor der
Nacht
Verblühn, und Zedern trotzen den Stürmen tausend-
fach.

Ich sah des Weltmeers Wogen, wie Kön'ge, schaumge-
krönt,
Vor'm Fels sich niederwerfen, wie Beter am Altar.

Ich sah ein Tröpflein funkeln, Juwel am Sonnenstrahl,
Das, aufgeglüht zu werden, nicht scheute die Gefahr.

Ich sah im Menschenwimmeln sich Stadt' und Häuser
baun,
Und Hügelein zu häufen sich mühn Ameisenschar.

Ich sah das Roß des Krieges zertreten Stadt und Land,
Daß seine Hufe wurden vom Blute rosenfar.

Ich sah den Winter weben aus Flocken ein Gewand
Der Erde, die der Frühling verlassen nackt und bar.

Den Webstuhl hört' ich sausen, der Sonnenschleier
wob,
Und sah ein Räuplein weben sein Grab aus Fädlein
klar.

Ich sähe Groß' und Kleines, und sah auch Kleines groß,
Denn Gottes Gleichnis sah ich in allem, was da war.

*

Dreißigste Ghasele

Um's reine Licht hab' ich die
Flamme liebgewonnen,

Um's goldne Schwert hab' ich die
Schramme liebgewonnen.

Aus liebe zu dem Hirten,
Der mein Leben weidet,

Hab' ich das Glöcklein an dem
Lamme liebgewonnen.

Ich hab' aus Liebe zu
Der milden Frucht am Baume

Das rauhe Moos an seinem
Stamme liebgewonnen.

Ich hab' um deiner
Jugendlichen Schönheit willen

Das welke Alter deiner
Amme liebgewonnen.

Weil mir der Duft des Lebens
Haucht aus deinen Locken,

Hab' ich den toten Bux am
Kamme liebgewonnen.

Ich habe, weil die Perle
Ruht im Meeresgrunde,

Das Körnlein Sand am Meeres-
Damme liebgewonnen.

Weil Tau zur Liebeschminke
Wird im Rosenantlitz,

Hab' ich das Tröpflein Flut im .
Schlamme liebgewonnen.

*

Einunddreißigste Ghasele

Glücklich preis' ich euch, ihr Brüder,
Die ihr unvertrieben

In des ew'gen Vaters Hause
Seid daheim geblieben.

Um den Thron des Vaters stehend,
Sonnend euch an seinem

Angesichte, seht ihr kreisen
Um euch Himmel sieben.

Mich hat er herausgewiesen,
Daß ich in der Fremde

Meine Heimat lern' erkennen,
Und den Vater lieben.

An den dunklen Grund gefallen,
Lieg' ich Stern des Himmels,

Weiß noch kaum, wie helle Bahnen
Droben ich beschrieben.

Daß ich einst auf Hügeln schwebte,
Kommt mir noch in Träumen,

Doch eh' ich zum Himmel fliege,
Muß der Traum zerstieben.

Wenn die Lerch' auf Sonnenstrahlen
Aufwärts steiget, wähn' ich

Immer, daß auch meine Seele
Müsse Fitt'ge schieben.

In den Boden eingewurzelt
Bin ich Strauch der Rose,

Und von Morgentau begossen,
Bin ich fest beklieben.

Doch die Seele strebt nach oben,
Und dem Licht des Himmels

Öffnen sehnsuchtvolle Knospen
Sich mit allen Trieben.

Bis mein Laub, des Stiels entbunden,
Wird zum Schmetterlinge,

Hauche sich mein Blütengeist
Empor, in Duft zerrieben.

Einst aus diesem Wolkenlande,
Wo mich Donner schrecket,

Blitz versenget, Regen peitscht
Mit Hagels Geißelhieben,

Wird mein Gärtner mich verpflanzen
In den Heimatgarten,

Dort, wohin von Ewigkeit ich
Schon bin eingeschrieben.

Meine blüh'nde Brüder droben:
Bittet ihn, den Alten,

Daß er die Verpflanzungsstunde
Wolle nicht verschieben.

*

Zweiunddreißigste Ghasele

Ich bin die Rose,
Die des Frühlings Schläfe kränzet,

Ich bin die Rebe,
Die des Herbstes Most kredenzet.

Der Sonne Dank,
Durch deren Kraft es glüht und schäumet

In meiner Brust,
Sooft es herbstet oder lenzet!

Komm Liebeshand,
Und sammle reife Rosenblätter,

Die Traube pflücke,
Die dem falben Laub entglänzet!

Press' aus den Blättern
Rosenwasser, Most aus Trauben,

Der Schmerz ist kurz,
Die Lust daraus ist unbegrenzet.

Vom Blut der Traube
Wird der Gaum der Welt versüßet,

Vom Rosenduft
Des Himmels Busen durchessenzet.

Dreiunddreißigste Ghasele

Einst um Liebe, die Peri,
Hat der Dschinne Schmerz gefreit,

Damals trug er Lichtgewand,
Und noch nicht sein Feuerkleid.

Als die reizende Peri
Sich dem Freier abgewandt,

Ward sein Glanz verzehrende
Glut, und blieb es seit der Zeit.

Sich verzehren wollt' er selbst,
Doch unsterblich fühlt' er sich,

Und die reizende Peri
Zu versehren tat ihm leid.

Ab ihr wenden wollt' er sich,
Über sich vermocht' er's nicht,

Wo sie hin sich wendete,
Gab er ihr von Fern Geleit.

Durch geheimen Zauber nun
So verbunden sind die zwei,

Wo sich nur das eine zeigt,
Ist das andre auch nicht weit.

Wo in endliche Natur
Sich die Liebe senken will,

Schauern durch die Kreatur
Schmerzen der Unendlichkeit.

Wann die Rose öffnen will
Ihre Brust dem Himmelstrahl,

Sprenget die verschlossene
Knosp' ihr Trieb mit Schmerzlichkeit.

Wann des Lebens Schmetterling
In der Puppe Tod erwacht,

Zeuget die geborstene
Hülle, wie ihn Schmerz befreit.

Siehe, jede Zeitgeburt
Reißt nicht ohne Schmerz sich los,

Wäre Liebe ohne Schmerz
Die Geburt der Ewigkeit?

*

Vierunddreißigste Ghasele

Unser Haus hat viele Türen,
Die hinein zum Herren führen.

Wer den Herrn sieht, muß anbetend
Mit der Stirn den Boden rühren.

Viel' im Haus sind blindgeboren,
Die des Herrn Gebot doch spüren.

Auch den Lahmen sind gegeben
Hausgeschäfte zu vollführen.

Selbst der Wind mit kaltem Atem
Muß des Hauses Feuer schüren.

Tun muß jeder, was ihm obliegt,
Wahl hat keiner, selbst zu küren.

Mancher wähnt sich frei, und siehet
Nicht die Bande, die ihn schnüren.

Tragest du dein Band in Demut,
Wird es dir zu Blumenschnüren.

Schwöre Treu! und Gnad' antwortet
Dir mit höchsten Liebeschwüren.

Knecht im Hause! Gegen deinen
Mitknecht will kein Stolz gebühren.

Sei verträglich! denn der Herr hat
Keine Freud' an Ungebühren.

Wer darf trotzig Einlaß fordern,
Den nicht er ein lasset führen?

Wer kann mit dem Hausherrn hadern,
Den er stößt aus seinen Türen?

Fünfunddreißigste Ghasele

Ö der du bist gekommen in des Daseins Land,
Und selbst nicht weißt, wie's um dein Kommen ist be-
wandt:

Du bist aus dem Harem des Schachs zur Stadt des
Seins,
Des Schach's Geschäfte zu betreiben, hergesandt.

Es gab der Herr, zu prüfen deine Tüchtigkeit,
Des Leben Summ' als Kapital in deine Hand.

Wie hat des Markts Getöse deinen Sinn verwirrt,
Daß du vergessen das dir anvertraute Pfand:

O statt zu träumen, rühre dich, und schaffe Gut's,
Kauf Edelsteine, gib nicht aus dein Gold für Sand.

Zur Stunde deiner Heimkehr wirst du sitzen sehn
Den Herrn, ein aufgeschlagen Buch an seiner Hand.

Es wird der Herr die Rechnung ziehn, was du von ihm
Empfangen hast, und fragen, wie du's hast verwandt.

Und bringen wird dir seinen Segen oder Fluch
Deines Verdienstes oder deiner Schuld Bestand.

*

Sechsunddreißigste Ghasele

Tag ist's, auf, steh' auf, o, Jüngling Muselmane!
Packe dein Gerät und komm zur Karawane.

Horch, o horch, sie ziehet schon, indes du schlafest,
Horch! ihr Glöcklein, daß es nicht zu spät dich mahne!

Wann der Wüste Sand verweht hat ihre Spuren,
Hoffe nicht, daß sie dein Fußtritt wieder bahne.

Auf dich raffe! sei ein Mann, ein Held, ein Kämpe,
Bringe nicht das Leben hin in eitlem Wahne.

Sei gedenk des Ahnenstammes, Perserjüngling,
Wie Röstern ein Held, wie Sal ein Pehlewane.

Mann des Lichtes, Held des Rechtes, Sonnenkämpe!
Falle nicht anheim dem dunklen Ahrimane.

Wenn du hast die ird'sche Seel' im Kampf getötet,
Schwingt die himmlische des Lebens Siegesfahne.

Wann du dich demütigest zum Staub der Schwelle,
Wirst du Siegelring in unsres Schachs Diwane.

*

Siebenunddreißigste Ghasele

Kommt das Schwert aus Schmiedes Händen
Rein an Spitz' und Schneide,

Siehe, daß dir's nicht verroste
In unreiner Scheide.

Gold, das in des Geizes Truhe
Finstern Geistern dienet,

Ist an unsers Schaches Throne
Lichtes Weltgeschmeide.

Wenn des Himmels Wolken regnen,
Trinken alle Bäume,

Früchte trägt der Apfelbaum,
Und graues Laub die Weide.

Dieses Rohr ist hohl geblieben,
Jenes schwillt von Zucker,

Siehe, doch am selben Teich
Getrunken haben beide.

Moschus kocht ein Reh im Herzen,
Und das andre Galle,

Beide grasten miteinander
Auf derselben Heide.

Zwei verschiedne Würmer speisten
Von dem Blatt am Baume,

Einer spann unnütze Fäden,
Und der andre Seide.

An derselben Blume sogen
Bienenmund und Schlange,

Jene braute Seim zur Labe,
Diese Gift zum Leide.

Einer speist, die Speise wird
In ihm zum Lichte Gottes,

Weil ein andrer seine Kost
Verkocht zu Groll und Neide.

Dieser trinkt des Himmels Licht
Sich zur Verfinstrung,

Jener trinkt's, daß er sich Rosen-gleich
In Liebesfarben kleide.

Sei ein rein Gefäße du,
Und wand!' in lautre Säfte,

Was du Futters pflücken gehst
Auf Gottes reicher Weide.

*

Achtunddreißigste Ghasele

Rein gehalten dein Gewand,
Rein gehalten Mund und Hand!

Rein das Kleid von Erdenputz,
Rein von Erdenschmutz die Hand!

Rein von Erdentrutz das Herz,
Und von Gier der Lippe Rand!

Außen sei die Schwelle rein,
Innen rein des Hauses Wand,

Daß einsprechen könn' im Haus
Reiner Gast aus Himmelsland!

Reiner Schmaus und reiner Kelch,
Rein von Rauch des Herdes Brand.

Sohn! die äußre Reinigkeit
Ist der innern Unterpfand!

Rein gehalten Hand und Mund,
Rein gehalten dein Gewand!

*

Neununddreißigste Ghasele

Die Liebe rief vom Himmelstor
Wer ist, der schaut zu Gott empor?

Wir sind, die schau'n empor zu Gott,
Rief zu der Lieb' ein Priesterchor.

Die Liebe rief: wie könnt ihr schau'n?
Vor eurem Antlitz hängt ein Flor,

Ein Flor, gewebt aus Gier und Haß,
Durch den das Licht den Schein verlor.

Vor eurem trüben Blicke nimmt
Die Sonne Wolkenschleier vor.

Die Gnade, die auf Wolken sitzt,
Schließt eurem dumpfen Ruf ihr Ohr,

Und die Erhörung steiget nicht
Herab, die eu'r Gebet beschwor.

O tut, eh' ihr zum Himmel schaut,
Euch Erdedunkels ab zuvor.

Statt Gier und Haß nehmt Lieb' in's Herz,
Und schaut zur Gottheit dann empor.

*

Vierzigste Ghasele

Die hin zur Kaaba pilgern gehn,
Wenn nun an ihrem Ziel sie stehn,

In einem Tale ohne Saat
Ein altes Haus von Stein sie sehn.

Sie gingen hin, um Gott zu schau'n,
Und nun um's Haus im Kreis sich drehn.

Wann sie sich lange so gedreht,
So hören sie die Stimme wehn:

Was, Toren, ruft ihr an den Stein?
Wer wird vom Steine Brot erflehn!

Wenn ihr den Tempel Gottes sucht,
In eurem Herzen tragt ihr den.

Wohl dem, der bei sich selb kehrt ein,
Statt pilgernd Wüsten durchzugehn.

*

Einundvierzigste Ghasele

Wenn mir der Freund wird seine Hilf erzeigen,
So mach' ich dies mein Leben ganz ihm eigen.

Der Leib von Ton ist eine Opferschale,
Daraus ihm soll der Duft der Seele steigen.

Das ird'sche Leben ist zu kleines Opfer,
Ich opfere mein ewiges mit Schweigen.

*

Zweiundvierzigste Ghasele

Immer mehr werd' ich begehren,
Als der Freund mir wird gewähren.

Stets, je mehr ich Blumen pflücke,
Seh' ich mehr den Lenz gebären.

Wo ich durch den Himmel schweife,
Rollen immer neue Sphären.

Und es kann die ew'ge Schönheit
Nur die ew'ge Sehnsucht nähren.

*

Dreiundvierzigste Ghasele

Der Wolken als geordnete
Kamelenreih'n des Himmels lenkt,

Der als ein Schenke Quell und Teich
Den Wüstenei'n hat eingeschenkt.

Horcht! wie sein Donner Pauke schlägt,
Das Ganze lebt, es lebt der Teil,

Sich hat sein Duft, sein Lenzgeruch,
Bis in des Astes Mark gesenkt.

Er, der in's Körnchen heimlich legt
Den stillen Trieb, es zieht sein Licht

Auch den Geheimnisbaum empor,
Des Wurzel liegt in's Herz verschränkt.

Er sog mich wie das trunkene Kamel
Am Strick zu sich zurück,

Er legte seine Last mir auf,
Und hat sein Schild mir angehenkt.

Er bog den starren Hals mir krumm,
Zu Boden beugt' er mir das Knie,

Und als ich dachte Linkerhand,
Hat er zur rechten mich geschwenkt.

Er hat mich, als ich für gesund mich
halten wollte, krank gemacht,

Dann mit Messiasodem weggehaucht
Das Weh, das mich gekränkt.

Als ich mit ihm wie Jakob rang,
Verrenkt' er mir das Schulterblatt,

Und als ich mich der Gnad' ergab,
Hat er mir's wieder eingerenkt.

Er angelte, und aus dem Grund
Des Meers aufs Trockne wog er mich,

Und als ich lechzt' im heißen Sand,
Hat er mich drauf mit Tau getränkt.

Er spannte Netze gegen mich,
Und fing den wilden Vogel ein,

Und als ich zahm sein Wort nachsprach,
Hat er die Freiheit mir geschenkt.

Von deiner Größe spricht der Ost
Dem West, von deiner Herrlichkeit

Sind mit des Frühlings Morgenrot
Die Rosen in Gespräch versenkt.

Dich preiset, was der Himmel ruft,
Und was die Erd' antwortet, dich,

Dich was die Zung' in Rätseln spricht,
Und dich, was klar die Liebe denkt.

*

Vierundvierzigste Ghasele

Verzicht' auf Welt, daß Herr der Welt du seiest,
Tritt aus dir selb, daß Gott gesellt du seiest.

Räum' allen ird'schen Hausrat aus dem Bissen,
Daß rein der Liebe Himmelszelt du seiest.

Sei leise Flöt an des Geliebten Munde,
Daß vom geringsten Hauch geschwellt du seiest.

Sei rein ein Becher für der Liebe Süßes,
Daß von Weltbeischmack unvergällt du seiest,

Gib dich, o Pfeil, dem Bogen deines Schaches,
Auf daß nach deinem Ziel geschnellt du seiest.

Schau in die Sonn', am äußern Aug' erblindend,
Daß innerlich dafür erhellt du seiest.

Erhebe nicht in Hochmut dich zum Himmel,
Auf daß wie Nimrod nicht gefällt du seiest.

Vergrab dich nicht im Schacht, wann Gott dich suchet,
Erz, daß geprägt zu seinem Geld du seiest.

Freu dich, wenn seine Saat der Sämann streuet,
Daß auch ein fruchtbar Körnlein Spelt du seiest.

Sei demutvoll und wachs', o Korn, im Stillen,
Daß einst ein ganzes Ährenfeld du seiest.

Und bist du Ährenfeld, so laß vom Schnitter
Dich freudig mähn, daß Kost der Welt du seiest.

Flieh nicht die Glut des Feuers, daß, geröstet,
Auf Gottes Tisch als Brot gestellt du seiest.

Es suchen dich sodann als Brot die Brüder,
Daß Labung, die ihr Herz erhält, du seiest.

Ich sagte dies, da kam ein Ruf vom Himmel:
Erkennst du auch, wozu bestellt du seiest?

Der Mund ist dir gegeben zum Lobpreisen,
Nicht daß ein leichter Weiberheld du seiest.

Über tredition

Eigenes Buch veröffentlichen

tredition wurde 2006 in Hamburg gegründet und hat seither mehrere tausend Buchtitel veröffentlicht. Autoren veröffentlichen in wenigen leichten Schritten gedruckte Bücher, e-Books und audio-Books. tredition hat das Ziel, die beste und fairste Veröffentlichungsmöglichkeit für Autoren zu bieten.

tredition wurde mit der Erkenntnis gegründet, dass nur etwa jedes 200. bei Verlagen eingereichte Manuskript veröffentlicht wird. Dabei hat jedes Buch seinen Markt, also seine Leser. tredition sorgt dafür, dass für jedes Buch die Leserschaft auch erreicht wird.

Im einzigartigen Literatur-Netzwerk von tredition bieten zahlreiche Literatur-Partner (das sind Lektoren, Übersetzer, Hörbuchsprecher und Illustratoren) ihre Dienstleistung an, um Manuskripte zu verbessern oder die Vielfalt zu erhöhen. Autoren vereinbaren direkt mit den Literatur-Partnern die Konditionen ihrer Zusammenarbeit und partizipieren gemeinsam am Erfolg des Buches.

Das gesamte Verlagsprogramm von tredition ist bei allen stationären Buchhandlungen und Online-Buchhändlern wie z. B. Amazon erhältlich. e-Books stehen bei den führenden Online-Portalen (z. B. iBookstore von Apple oder Kindle von Amazon) zum Verkauf.

Einfach leicht ein Buch veröffentlichen: **www.tredition.de**

Eigene Buchreihe oder eigenen Verlag gründen

Seit 2009 bietet tredition sein Verlagskonzept auch als sogenanntes "White-Label" an. Das bedeutet, dass andere Unternehmen, Institutionen und Personen risikofrei und unkompliziert selbst zum Herausgeber von Büchern und Buchreihen unter eigener Marke werden können. tredition übernimmt dabei das komplette Herstellungs- und Distributionsrisiko.

Zahlreiche Zeitschriften-, Zeitungs- und Buchverlage, Universitäten, Forschungseinrichtungen u.v.m. nutzen diese Dienstleistung von tredition, um unter eigener Marke ohne Risiko Bücher zu verlegen.

Alle Informationen im Internet: **www.tredition.de/fuer-verlage**

tredition wurde mit mehreren Innovationspreisen ausgezeichnet, u. a. mit dem Webfuture Award und dem Innovationspreis der Buch Digitale.

tredition ist Mitglied im Börsenverein des Deutschen Buchhandels.

Dieses Werk elektronisch lesen

Dieses Werk ist Teil der Gutenberg-DE Edition DVD. Diese enthält das komplette Archiv des Projekt Gutenberg-DE. Die DVD ist im Internet erhältlich auf **http://gutenbergshop.abc.de**

Zeitfracht Medien GmbH
Ferdinand-Jühlke-Straße 7
99095 Erfurt, Deutschland
produktsicherheit@kolibri360.de